BEI GRIN MACHT SICH IHR WISSEN BEZAHLT

- Wir veröffentlichen Ihre Hausarbeit,
  Bachelor- und Masterarbeit

- Ihr eigenes eBook und Buch -
  weltweit in allen wichtigen Shops

- Verdienen Sie an jedem Verkauf

Jetzt bei www.GRIN.com hochladen
und kostenlos publizieren

Andreas Huthmann

ERP-Systeme, Vergleich - Sage KHK, Navision, Bäurer

GRIN Verlag

Bibliografische Information der Deutschen Nationalbibliothek:

Die Deutsche Bibliothek verzeichnet diese Publikation in der Deutschen National-
bibliografie; detaillierte bibliografische Daten sind im Internet über http://dnb.d-
nb.de/ abrufbar.

Impressum:

Copyright © 2003 GRIN Verlag GmbH
Druck und Bindung: Books on Demand GmbH, Norderstedt Germany
ISBN: 978-3-638-64690-1

Dieses Buch bei GRIN:

http://www.grin.com/de/e-book/20903/erp-systeme-vergleich-sage-khk-navision-
baeurer

GRIN - Your knowledge has value

Der GRIN Verlag publiziert seit 1998 wissenschaftliche Arbeiten von Studenten, Hochschullehrern und anderen Akademikern als eBook und gedrucktes Buch. Die Verlagswebsite www.grin.com ist die ideale Plattform zur Veröffentlichung von Hausarbeiten, Abschlussarbeiten, wissenschaftlichen Aufsätzen, Dissertationen und Fachbüchern.

Besuchen Sie uns im Internet:

http://www.grin.com/

http://www.facebook.com/grincom

http://www.twitter.com/grin_com

PHILLIPS UNIVERSITÄT MARBURG

Fachbereich Wirtschaftswissenschaften

Institut für Wirtschaftsinformatik

Seminar SS 2002

Anwendungssysteme und Datenbanken

Grundlagen, ausgewählte Aspekte und neue Entwicklungen

Referat zum Thema:

ERP-Systeme im Vergleich

Andreas Huthmann

Gliederung

Abbildungs- und Tabellenverzeichnis

Abkürzungsverzeichnis

ASP ....Application Service Providing

bzw......................................beziehungsweise

CRM ....Customer Relationship Management

d.h. ....das heißt

ERP......................................Enterprise Resource Planing

f. ....folgende

ff..fort folgende

o.V. ....ohne Verfasser

PDA ....Personal Digital Assistent

PPS ....Produktions Planung und Steuerung

Vgl. ....Vergleiche

S..Seite

SCM.....................................Supply Chain Management

u.a. ....und andere

u..und

z.B.......................................zum Beispiel

1 ERP-Systeme – Definition und Marktentwicklung

Unter einem ERP-Systems versteht man ein Anwendungssystem, dass alle wesentlich Funktionen und Prozesse innerhalb eines Unternehmens unterstützt. In der Reg werden ERP-Systeme durch Standartsoftware realisiert[1]. Ein typisches Beispiel für ein System ist R3 von SAP.

Ursprünglich waren derartige Systeme vor allem in Großkonzernen vorzufinden. Bis die 90er Jahre wuchs der ERP-Markt, und ERP-Systeme waren die dominierend betrieblichen Anwendungssysteme. Zum Ende des Jahrtausend jedoch stagnierte c ERP-Markt, während der Markt für neue Konzepte, wie E-Business, SCM und CRI boomte. Die bis dahin existierenden ERP-Systeme waren jedoch aufgrund ihr monolithischen Struktur den Anforderungen der neuen Technologien nicht gewachse Im Zuge dieser Entwicklung erklärte die Gartner-Group das traditionelle ERP-Konze sei tot[2].

Da eine Grundvoraussetzung für ein funktionierendes E-Business-, SCM- oder CRI System jedoch ein System mit zentraler Datenhaltung und Abdeckung c innerbetrieblichen Funktionen ist und bleiben wird, entwickelte die Gartner-Group d Konzept des ERP-II. ERP-II–Systeme sollen in Zukunft die firmeninterne u firmenübergreifende Zusammenarbeit ermöglichen, indem die Systeme über c Grenzen der einzelnen Unternehmen hinaus erweitert und vernetzt werden[3].

Der Markt für ERP-Systeme gliedert sich heute in zwei wesentliche Segmente: Das zum einen der Markt für Konzerne und Großunternehmen, der in Deutschland vc Branchenriesen SAP dominiert wird und zum anderen der Markt für mittelständisc Unternehmen, der bislang von SAP & Co vernachlässigt wurde und erst jetzt langsa von diesen Anbietern entdeckt wird. In diesem Segment haben sich jedoch bereits ei Vielzahl von Anbietern unterschiedlicher Größe etabliert[4].

Mit dem Vergleich der für den Mittelstand konzipierten ERP-Lösungen dieser Anbiet beschäftigt sich die vorliegende Seminararbeit. Dabei soll auch betrachtet werden, wie weit diese Systeme sich dem ERP-II Gedanken annehmen.

---

[1] Vgl. Stahlknecht, Hasenkamp/ 2002/ Wirtschaftsinformatik/ S. 330 f..
[2] Vgl. Born/ 2001/ ERP-Imperium/ S. 60.
[3] Vgl. Hantusch/ 2001/ ERP-Vernetzung/ S. 76.
[4] Vgl. Wesseler/ 2001/ Mittelstand/ S. 72 f..

2 Verglichene Systeme

In diesem Abschnitt werden die verglichenen Systeme und Ihre Hersteller kurz vorgestellt. Auswahlkriterium für die Hersteller war eine Position unter den zehn größten Anbietern von ERP-Systemen und eine Ausrichtung auf den Mittelstand. Wenn ein Anbieter verschiedene Systeme im Programm hat, wurde das System gewählt, das bei erster Betrachtung am ehesten dem Umfang und der Größenordnung der Konkurrenzprodukte entsprach.

2.1 Navision a/s

Navision ist ein Anbieter aus Dänemark, der aus einer Fusion von Navison und Daamgard hervorgegangen ist. Das Unternehmen sieht sich als Anbieter von integrierten Business Lösungen für den Mittelstand.

Navision bietet vier ERP-Lösungen an: Attain/Financials, Axapta und XAL. Axapta ist eine Lösung mit einer großen Zahl an Funktionen, die auch für größere Unternehmen geeignet ist.. Attain bietet im Gegensatz hierzu zwar standardmäßig weniger Funktionen gleicht dies jedoch durch individuelle Branchenmodule aus und erscheint zudem auf den ersten Blick für den Vergleich mit den Produkten der anderen Anbieter am besten geeignet. Financials ist eine Vorgängerversion von Attain mit geringerem Funktionsumfang[5]. XAL wird derzeit als Einsteigerprodukt vermarktet und in nähere Zukunft aus dem Angebot verschwinden[6]. Schwerpunktmäßig wird im folgenden Attain untersucht.

2.2 Sage KHK Software GmbH & Co. KG

Sage KHK ist die Tochter der britischen SAGE Group und hat sich auf mittelständische Unternehmen, Klein- und Handwerksbetriebe spezialisiert. Für kleine Betriebe ist das Programm PC-Kaufmann und für Handwerksbetriebe die Programme PC-Handwerk bzw. HWP-Win vorgesehen. Diese Programme würden aufgrund ihres eingeschränkten Umfangs jedoch keine angemessene Basis für einen Vergleich mit den Produkten der anderen Anbieter bieten. Darum soll im folgenden vor allem die Office-Line – eine der beiden Lösungen für den Mittelstand – betrachtet werden. Da die drei Varianten der Office Line(50/100/200) nicht im Mischbetrieb eingesetzt werden können wird hier nur die umfangreichste Variante 200 eingehend untersucht. Classic-Line, die andere

---

[5] Vgl. Navision(WWW) /2002 /Homepage.
[6] Vgl. o.V./ 2001/ XAL-Ausstieg/ S. 19.

Lösung, ist resourcensparender und verfügt über etwas weniger Funktionen[7]. I Gegensatz zur Office-Line erscheint sie jedoch weniger zukunftsträchtig.

2.3 Bäurer AG

Die Bäurer AG bzw. ihre Vorgänger haben sich im Laufe ihrer 20 jährigen Tätigkeit i Bereich der Software-Entwicklung zum ERP-Anbieter für den Mittelstand entwicke Ihren Tätigkeitsschwerpunkt setzt die Bäurer AG im Bereich der Fertigungsindustri Das Hauptprodukt von Bäurer ist b2. Die Software wurde 1993 von DIGITAL Kienz übernommen und in der Zeit von 1993 bis 1996 einem intensiven Reengineerir unterzogen[8]. b2 wird im folgenden Gegenstand der Untersuchungen sein.

3 Größe und Verbreitung

Nach dieser kurzen Vorstellung der ausgewählten Systeme soll kurz die bisherig Verbreitung der verglichenen Systeme und deren Hersteller dargestellt werden. Nac einer Studie des Konradin Verlags nutzen 70% der Deutschen Unternehmen ein ER System[9]. Zum einen sollen hier die Marktanteile innerhalb dieser 70% angesproche werden, zum anderen soll auch dargestellt werden in welchen Branchen und Regione das jeweilige System besonders stark vertreten ist.

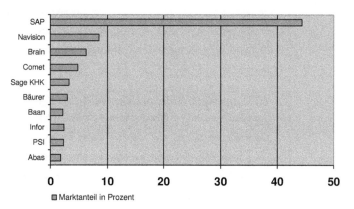

Abbildung 1: Marktanteile ERP-Anbieter (aus: Konradin Studie)

---

[7] Vgl. Sage(WWW)/ 2002/ Homepage/ Unternehmen u. Handwerksbetriebe.
[8] Vgl. Comdirect(WWW)/ 2002/ Unternehmensprofil Bäurer.
[9] Vgl. Kröger, Stotz/ 2000/ Studie ERP Teil 1/ S. 46.

3.1 Navision – Marktführer im Mittelstand

Navision verfügt über einen Kundenstamm von 133.000 Unternehmen in 102 Ländern und über 30 internationale Landesvertretungen, die über 2300 Solution Center betreuen. 20% des Gesamtumsatzes von Navision werden derzeit durch die 8.500 deutschen Kunden erwirtschaftet. Diese werden von über 200 Solution Centern betreut[10]. Damit stellt Deutschland vor Dänemark und den USA den wichtigsten Markt von Navision dar.

Mit einem Marktanteil von 8,5% ist Navision nach SAP Deutschlands zweitgrößter Anbieter von ERP Systemen und Marktführer im Segment des Mittelstandes.

3.2 Sage - Groß bei den Kleinen

Sage ist bei den kleineren mittelständischen Unternehmen mit 50-100 Mitarbeiter besonders stark vertreten und nimmt hier laut der Konradin Studie den 3. Platz ein[11]. Weltweit kann sich die Sage Group auf über 2,8 Mio. Kunden und über 5000 Mitarbeiter stützen mit denen sie im Geschäftsjahr 2001 ein Gewinn von 121,3 Mio. Pfund erwirtschaftete[12].

In Deutschland ist Sage mit einem Marktanteil von 3,3% der fünft größte Anbieter von ERP Systemen.

3.3 Bäurer - Schwerpunkt Fertigung

Mit über 2500 Installationen zählt Bäurer zu den Marktführern im Bereich der mittelständischen deutschen Fertigungsindustrie. Die Bäurer AG wird durch 15 Niederlassungen in Deutschland und durch 13 Niederlassungen weltweit vertreten.

Insgesamt ist belegt Bäurer mit einem Marktanteil von 3,0% den sechsten Platz der zehn größten Hersteller von ERP Systemen. In den Fertigungsindustrie ist der Anteil von Bäurer jedoch weit größer. So liegt z.B. der Bäurer Anteil im Bereich Maschinenbau bei 6,9% vor Navision.

4 Kriterien für den Vergleich von ERP-Systemen

Im folgenden werden die oben genannten Systeme anhand verschiedener Kriterien, die für einen möglichen Nutzer bzw. Käufer entscheidungsrelevant sein könnten, untersucht. Die Liste der ausgewählten Kriterien erhebt keinen Anspruch auf Vollständigkeit und ließe sich beliebig fortsetzen.

---

[10] Vgl. Navision/ 2002/ Homepage.
[11] Vgl. Kröger, Stotz/ 2000/ Studie ERP Teil 3/ S. 22.
[12] Vgl. Sage/ 2002/ Homepage.

4.1 Abgedeckte Funktionen

Da ein ERP-System alle wesentlichen Funktionen eines Unternehmens abdecken so liegt es nahe, dies als erstes Kriterium für die Beurteilung eines Systems zu wählen. Man kann zwischen branchenneutralen und branchenspezifischen Anwendungsteil unterscheiden[13]. In vielen Fällen scheint für ein Gesamtsystem eine Kombination a beiden Arten sinnvoll, da auf diese Weise die Prozesse und Funktionen ein Unternehmens optimal abgebildet werden können[14].

Die Basiselemente eines ERP-Systems sind in der Regel die Buchhaltung, da sämtlic Transaktionen und Geschäftsvorfälle durch sie werden. Bei produzierenden Betrieb nimmt neben der Buchhaltung die Produktionsplanung und Steuerung eine bedeuten Stelle ein. Im folgenden soll keine Aufzählung sämtlicher Funktionen erfolgen, sonde vielmehr eine kurze Nennung und Beschreibung der das jeweilige Syste charakterisierenden Funktionen.

4.1.1 Der Generalist - Navision

Zu den durch Attain standardmäßig bereitgestellten Komponenten gehört das Finan Mangement, das neben verschiedenen Finanz und Buchhaltungsfunktionen auch d Personalwesen umfasst. Weiter gehören hierzu eine SCM-Komponente, die Distributionsfunktionen und Produktionsfunktionen gegliedert ist und eine CRN Komponente, die sich in Marketing&Vertrieb und Servicefunktionen teilt. Abgerundet

NAVISION ATTAIN			
Finanz-Management	**Supply Chain Management**	**Customer Relationship Management**	**E-Business**
Finanz- und Anlagenbuchhaltung	Einkauf/Verkauf	Marketing	Commerce Gateway
Debitoren und Kreditoren	Lager/Logistik	Vertrieb	Commerce Portal
Kostenrechnung	Produktion	Service	User Portal
Lohn/Gehalt	Ressourcen/Projekte		

Abbildung 2: Attain Komponenten(aus: Attain Produktbroschüre)

---

[13] Vgl. Stahlknecht, Hasenkamp/ 2002/ Einführung Wirtschaftsinformatik/S. 333.
[14] Vgl. Engelhardt/1999/ Branchensoftware/ S. 1.

werden die Standardkomponenten durch einen E-Business Teil. Navision deckt mit seinen Komponenten laut eigenen Aussagen ca. 60-90% der von seinen Kunden benötigten Funktionen ab. Der restliche Teil wird durch zertifizierte, von Drittfirmen entwickelte Speziallösungen abgedeckt[15]. Eine Aufstellung dieser Module befindet sich auf der Homepage von Navision.

Neben diesen Unternehmensfunktionen erfüllenden Komponenten bietet Attain noch einige komponentenübergreifende Funktionalitäten. Das ist zum einen die Mehrwährungsfähigkeit und die Mehrsprachigkeit – Attain wird zweisprachig ausgeliefert und kann um beliebig viel Sprachen ergänzt werden – die das System für den Einsatz in international agierenden Unternehmen rüstet. Weiterhin bietet das User Portal der E-Business Komponente die Möglichkeit, sämtliche Funktionalitäten von Attain über einen handelsüblichen Browser zu nutzen und gleichzeitig auf relevante Daten aus dem Web zuzugreifen[16]. Abschließend sei hier noch SWIFT erwähnt. Hierbei handelt es sich um eine von Navision entwickelte Technik, die das schnelle Zusammenstellen von Informationen aus dem ganzen Unternehmen bzw. aus Attain ermöglicht[17].

4.1.2 Der Genügsame - Sage

Die Office-Line bietet ähnlich wie Navision eine Reihe von Standardkomponenten an, die durch zertifizierte Speziallösungen von Drittanbietern erweitert werden können. Auch hier findet sich eine detaillierte Aufstellung dieser Speziallösungen im Anhang. Die Standardkomponenten Rechnungswesen, Warenwirtschaft, Lohn&Gehalt, Personalwesen und Planung &Analyse werden durch ein Web-Commerce Modul ergänzt[18]. Die Office-Line kann durch ein Language-Kit, das die Benutzeroberfläche in verschiedene Sprachen übersetzt, mehrsprachenfähig gemacht werden. Weiterhin hebt Sage die Möglichkeit zur Konzernkonsolidierung hervor[19].

---

[15] Vgl. Navision/ 2002/ Fact Sheet Attain/ S. 3.
[16] Vgl. Computerwoche/ 2001/ ERP Zuang/ S. 22.
[17] Vgl. Navision/ 2002/ Fact Sheet Attain/ S. 4, S. 8 u. S. 20 zu diesem Absatz.
[18] Vgl. Sage(WWW)/ 2002/ Homepage/Office-Line.
[19] Vgl. Sage/ 2001/ Produktbroschüre Office Line 200.

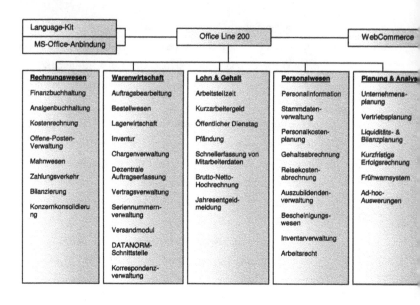

Abbildung 3: Office Line 200 - Die Module (aus: Office Line Fact Sheet)

4.1.3 Der Spezialist - Bäurer AG

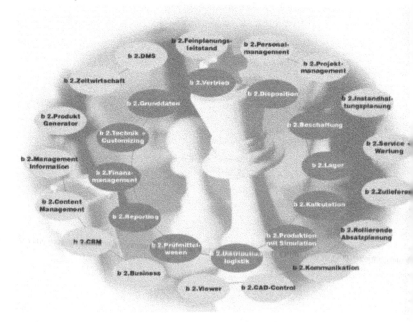

Abbildung 4: b2 und die Module (aus: b2 Produktbroschüre)

„Die abgedeckten Bereiche [von b2] reichen vom Vertrieb über die Disposition, Produktion, Kalkulation, Einkauf, Lager und e-Business bis hin zu den kaufmännischen Bereichen Kostenrechnung, Finanz- und Anlagebuchhaltung[20]."

Neben diesen Funktionen der Standardmodule bietet b2 eine Reihe von Zusatzmodulen, in denen sich wiederspiegelt, dass Bäurer sich auf Kunden aus der Fertigungsindustrie spezialisiert hat.

So verfügt b2 neben allgemein einsetzbaren Modulen wie Dokumentenmanagement, Personalmanagement und CRM auch über eine integrierte CAD Schnittstelle und einen Produktgenerator. Durch diese und andere Module wird die Produktkreation bzw. Auftragskonstruktion in das ERP-System integriert. Neben diesen von Bäurer bereitgestellten Komponenten „lässt [b2] aber auch Raum für systemfremde Funktionserweiterungen.[21]"Unabhängig von den verwendeten Modulen bietet b2 die Möglichkeit Abläufe individuell zu definieren und eine Ereignissteuerung einzubauen[22].

4.2 Struktur, Datenintegration und Skalierbarkeit

Ein weiteres Beurteilungskriterium für ein ERP-System ist seine Skalierbarkeit, seine Fähigkeit mit dem Unternehmen zu wachsen – sowohl in Bezug auf die Zahl der Nutzer als auch auf den Funktionsumfang. Ein System, das hierzu nicht in der Lage ist, läuft Gefahr veraltet zu sein, bevor es sich amortisiert hat. Die Skalierbarkeit wird maßgeblich durch die Struktur des Anwendungssystems geprägt. Hier ist entscheidend, ob die verschiedenen Funktionen monolithisch in einem zusammenhängenden Programm implementiert sind, oder ob sie auf verschiedene, unabhängige Module verteilt sind[23].

Zum anderen ist für die Skalierbarkeit die Netzwerkstruktur wichtig – wird ein Zentralrechner oder eine Client/Server Umgebung verwendet? Zu empfehlen ist hier ein Client/Server Modell. Zwar ist der Wartungsaufwand hier in der Regel größer, dafür ist es jedoch ausfallsicherer und lässt sich einfacher erweitern[24].

---

[20] Siehe Comdirect(WWW)/ 2002/ Unternehmensprofil Bäurer.
[21] Siehe Bäurer/ 2002/Produktbroschüre b2/ S. 3.
[22] Vgl. Bäurer/ 2002/ Produktbroschüre b2/ S. 7-9, S. 22-23 u. S. 77-78 zu diesem Absatz.
[23] Vgl. Hufgard/ 1994/ Softwarebibliotheken. Vgl. zur Skalierbarkeit auch Hansen, Neumann/ 2001/ Wirtschaftsinformatik/ S. 1090 u. Stahlknecht, Hasenkamp/ 2002/ Einführung Wirtschaftsinformatik/ S.79.
[24] Vgl. Hansen, Neumann/ 2001/ Wirtschaftsinformatik/ S. 162 f. u. Gumm, Sommer/ 1994/ Einführung Informatik/ S.370 f..

Neben der Struktur des Anwendungssystems und des Netzwerks spielt d
Datenintegration eine entscheidende Rolle für die Skalierbarkeit. Grundsätzlich biete
sich zwei Formen der Datenintegration an. Zum einen kann jedes Modul seine eigene
Datenhaltung besitzen. In mehreren Modulen benötigte Daten werden dann von Mod
zu Modul übergeben und von jedem einzeln gespeichert. Die Alternative hierzu ist ei
gemeinsame Datenbank auf die alle Module zugreifen[25].

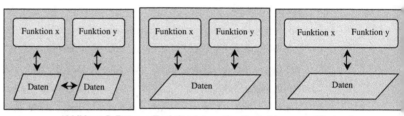

Abbildung 5: Daten u. Funktionsintegration (in Anlehnung an Mertens)

Für ein möglichst hohes Maß an Skalierbarkeit ist ein modularer Aufbau
Kombination mit einer zentralen Datenbank notwendig.

4.2.1 Skalierbar und flexibel - Navision

Da Attain durchgängig modular aufgebaut ist, besteht die Möglichkeit, zum einen n
diejenigen Funktionen zu installieren, die benötigt werden und zum anderen zu eine
beliebigen späteren Zeitpunkt weitere Funktionen zu implementieren. Ein Modul wi
immer komplett mit allen Funktionen installiert. Die einzige Ausnahme hierbei bild
die Finanzbuchhaltung – sie muss als Grundkomponente immer installiert werden[26].

Für die Netzstruktur verwendet Attain ein Client/Server System. Als Serv
Betriebssystem kann entweder Windows NT/2000 oder AIX von IBM verwend
werden. Auf den Clients ist nur Windows 98 SE, 2000, NT und XP einsetzba
Weiterhin kann Attain auch über einen Termianl Server genutzt als Thin Clie
werden[27].

Bei Attain erfolgt die Datenhaltung durch eine für alle Module verfügbare relationa
Datenbank. Hier kann der Kunde zwischen dem hauseigenen Navision Server oder de
Microsoft SQL Server wählen. Beim Einsatz einer SQL Datenbank, wird d
Skalierbarkeit durch die Möglichkeit, mehrere Datenbankserver parallel einzusetze
deutlich erhöht[28].

---

[25] Vgl. Mertens/ 1997/ Integrierte IV/ S.1.
26 Vgl. Navision(E-MAIL)/ 2002/Antworten.
[27] Vgl. Navision /2002 /Homepage.
[28] Vgl. Navision /2001 /Fact Sheet Attain/ S. 20.

4.2.2 Unabhängige Module - Sage

Auch die Office Line ist durchgehend modular aufgebaut wobei jedes Modul ca. 150 MB groß ist. Im Gegensatz zu den anderen verglichenen Systemen gibt es hier kein Modul., das immer eingesetzt werden muss.

Die Netzstruktur wird abermals durch ein Client/Server Modell realisiert. Hier kann allerdings sowohl für Server als auch für Clients nur Windows NT, 9x oder 2000 eingesetzt werden. Die Office Line kann jedoch auch über einen Terminal Server genutzt werden.

Beim Betrieb der Office Line kommt ausschließlich eine Microsoft SQL Datenbank zum Einsatz. Während die Office Line 50 noch Beschränkungen aufweist – es können maximal 3 Datenbanken mit 2 Gigabyte angelegt werden – kommt die Office Line 200 ohne diese Einschränkungen aus[29]. Ein Clustering der Datenbank wird von der Office Line jedoch nicht unterstützt. Sage sieht die Grenzen der Office Line bei 120-150 Nutzern[30].

4.3.3 Plattformneutral mit monolithischer Basis - Bäurer

b2 verfügt über einen Standardmodulblock, der immer installiert werden muss[31]. Die Zusatzmodule können jedoch frei ausgewählt und auch später noch hinzugefügt werden.

Auch b2 baut auf eine moderne Client/Server Struktur. Als Plattform für die Clients steht abermals nur Windows 9x und NT zur Verfügung. Bei der Server Plattform hingegen hat der Kunde die freie Wahl zwischen NT, HP-UX, Tru64, AIX, Sinix und SCO.

Auch b2 verwendet eine relationale Datenbank. Bei der Auswahl bietet b2 dem Kunden die größte Vielfalt. Durch eine ODBC-Schnittstelle[32] kann jedes ODBC fähige Datenbanksystem verwendet werden. Von Bäurer direkt angeboten werden Datenbanken von Oracle und Informix[33].

4.3 Anpassungsfähigkeit und Offenheit

Unter diesem Punkt wird untersucht, in welchem Maße sich die Systeme individuellen Anforderungen anpassen lassen. Unter diesem Aspekt wird auch die Offenheit der Systeme verglichen. D.h. es wird untersucht über welche Schnittstellen die Systeme verfügen und ob es möglich ist fremde Komponenten in das System zu integrieren.

---

[29] Vgl. Sage(WWW)/ 2002/ Homepage.
[30] Vgl. Sage/ 2002/ CeBit-Gespräch Sage.
[31] Siehe dazu Abbildung 4: b2 und die Module (aus: b2 Produktbroschüre).
[32] Vgl. Stahlknecht, Hasenkamp/ 2002/ Wirtschaftsinformatik/ S. 195 f..
[33] Vgl. Bäurer/ 2001 /Produktbroschüre b2/ S. 5 u. S. 79 zu diesem Abschnitt.

Diese fremden Komponenten können entweder das bestehende System um ne
Funktionen ergänzen oder existierende Bausteine nach der „Best of Breed" Metho
ersetzen. Reine Module für zum Betrieb eines Webshops sollen hier nicht betrach
werden, da es sich hierbei nur um einen Funktionsbaustein handelt und keine Öffnu
zu einem fremden System.

4.3.1 Offen in alle Richtungen - Navison

Basis für die individuelle Anpassung von Attain ist die integrie
Entwicklungsumgebung C/SIDE. Hiermit können alle Module zu einem beliebig
Zeitpunkt angepasst werden. Die Entwicklungsumgebung besteht aus fünf Obje
Designern für Tabellen, Formulare, Code-Blöcke, Berichte und Datenschnittstellen[34].
Um fremde Programme in Attain zu integrieren stellt Navision verschiede
Schnittstellen zur Verfügung. „C/ODBBC ermöglicht anderen Standardanwendung
Daten von Attain zu lesen und zu schreiben[35]." Mit C/FRONT stellt Navision ei
Schnittstelle bereit mit der in anderen Sprachen geschriebene Zusatzprogramme
Attain integriert werden können. Durch C/OCX wird letztlich das Einbinden von OI
Komponenten ermöglicht[36]. Weiterhin gibt es einige spezielle Schnittstellen - z.B. ei
DATEV Schnittstelle - , die in Form von Zusatzmodulen realisiert sind[37].

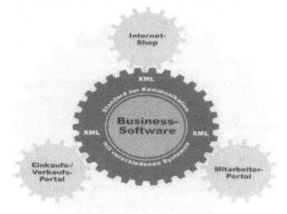

Abbildung 6: XML in Navision Attain(aus: Fact Sheet E-Business)

---

[34] Vgl. Navision/ 2002/ Fact Sheet Attain/ S. 20 u. 21.
[35] Siehe Navision/ 2002/ Fact Sheet Attain/ S. 21.
[36] Vgl. Navision/ 2002/ Fact Sheet Attain/ S. 21.
[37] Vgl. Navision/ 2002/ Homepage.

Eine weitere Möglichkeit zur Integration von fremden Anwendungen und Diensten innerhalb und außerhalb des Unternehmens stellt der Navision Application Server dar. Durch ihn können Daten zwischen Attain und Fremdanwendungen im XML Format ausgetauscht werden. Der Application Server wird für die meisten E-Bussiness Funktionen von Attain benötigt[38].

4.3.2 Man bleibt unter sich - Sage

Die Office Line erlaubt durch Anpassen der Masken eine individuelle Gestaltung der Benuzteroberfläche. Dabei ist es auch möglich beliebige Felder zu den Stammdaten zu ergänzen. Microsoft Office Anwendungen können so integriert werden, das sie aus der Office Line gestartet und automatisch mit Informationen gefüllt werden können[39]. Standardschnittstellen für eine weitere Integration von fremden Systemen existieren derzeit nicht.

4.3.3 Öffnung über die Entwicklungsumgebung - Bäurer

b2 beinhaltet neben Einstellmöglichkeiten mit denen Abläufe und das „Look and Feel„ individuell angepasst werden können, eine Reihe von Verwaltungsprogrammen. Durch diese Programme können individuelle Programme in b2 integriert und Datenbankänderungen vorgenommen werden. Diese kundenindividuellen Änderungen bleiben auch bei einem Releasewechsel erhalten[40].

Basis für die Ergänzung und Änderung von b2 ist JAM/Prolifics. „Diese plattformunabhängige Entwicklungsumgebung schafft die Voraussetzung für Offenheit, Flexibilität und Freiheit in der Gestaltung von Abläufen[41]." Durch die oben schon angesprochene ODBC-Schnittstelle können fremde Anwendungen auf die b2 Daten zuzugreifen.

4.4 Implementierung – Dauer und Kosten

Bedeutend für den Kunden ist weiterhin welche Kosten ihm durch das ERP-System entstehen und wie viel Zeit für die Implementierung eines Systems eingeplant werden muss. Bei den Kosten kann unterschieden werden zwischen Kosten, die direkt mit der Anschaffung des Systems zusammenhängen wie z.B. Lizenzgebühren und

---

[38] Vgl. Navision/ 2002/ Fact Sheet E-Business/ S. 10. Vgl. zu XML auch Hansen, Neumann/ 2001/Wirtschaftsinformatik/ S. 1042 ff..
[39] Vgl. Sage/ 2001/ Fact Sheet Office Line/ S. 4-5.
[40] Vgl. Bäurer/ 2002/ Produktbroschüre/S. 7-9.
[41] Siehe Bäurer/ 2002/ Homepage.

Anschaffungskosten für Hardware und Kosten, die in Folge der eigentlich
Anschaffung auftreten wie z.B. Kosten für Schulung und Beratung. Letztere si
wesentlich schwieriger zu messen und meist von Projekt zu Projekt se
unterschiedlich. Im folgenden wird weitestgehend auf Angaben der Herstell
zurückgegriffen, auch wenn sich diese gerade bei den Implementierungszeiten oft w
von der Realität entfernen.

4.4.1 Im Bedarfsfall schnell - Navision

Konkrete Preise für Attain gibt Navision nicht an, da diese individuell mit den Kund
vereinbart werden.

Grundsätzlich ist es jedoch so, das Lizenzgebühren für jedes Modul und jed
Arbeitsplatz berechnet werden. Dies geschieht, indem nach der eigentlichen Installati
eine Lizenzdatei eingespielt wird, die alle erworbenen Funktionen und Arbeitsplät
freischaltet. Hinzu kommen Gebühren für Wartungsverträge und Support.

Für die Implementierung braucht Navision laut eigenen Angaben 2-5 Monate. Ei
Implementierung der Rechnungswesenkomponente kann schon innerhalb von eine
Monat geschehen. Im Einzelfall kann bei Bedarf die Implementierung auch zügig
erfolgen.

Für die Einführung eines kompletten Attain-Systems bei einem durchschnittlich
Kunden sind ca. 120.000,- € zu veranschlagen[42].

4.4.2 Transparent und günstig - Sage

Sage berechnet Lizenzgebühren pro Modul. Die Preise hängen dabei vom gewählt
Modul ab und beginnen bei 1.100,- € für ein kleines Modul wie Datatnorm-Export u
enden bei 5.300,- € für die großen Module Rechnungswesen und Warenwirtschaft. B
einigen Modulen, wie z.B. der Lohn und Gehaltsabrechnung richtet sich der Preis na
der Zahl der abgerechneten Mitarbeiter. Hinzu kommt eine Lizenzgebühr für jed
Client in Höhe von 900,- € für einen Runtime Client bzw. 1050,-€ für eine Clie
Vollversion.

Für Upgrades von einer niedrigeren Office Line Version wird die aktuelle Differe
zwischen den Lizenzen berechnet.

Weiter bietet Sage Wartungsverträge für die Module und Clients sowie eine Hotlin
Betreuung an, die pro Monat berechnet werden und jährlich im voraus zu bezahlen sind

---

[42] Vgl. Navision/ 2002/ CeBit Gespräch zu diesem Abschnitt.

Ungewöhnlich erscheint, dass die Handbücher zu den Modulen zu einem Preis von 30,- € aufwärts erworben werden müssen.

Außerdem bietet Sage auch Schulungen für die Module der Office Line an. Die Preise hierfür werden jedoch individuell mit dem Kunden ausgehandelt[43].

Sage gibt an die Office Line innerhalb von 3-4 Monaten implementieren zu können. Sollen nur einzelne Module verwendet werden ist eine Implementierung in weniger als 2 Monaten machbar. Eine Amortisation der Office Line innerhalb von 2-3 Jahren ist laut Herstellerangaben die Regel.[44]

4.4.3 Implementierung mit transparetem Ablauf - Bäurer

Auch Bäurer gibt wie Navision keine konkreten Preise an, da auch hier dies nur mit dem Kunden besprochen werden.

Es ist jedoch auch hier so, dass die Lizenzgebühren von der Zahl der Zusatzmodule und der Zahl der Nutzer abhängt.

Für die Implemetierung veranschlagt Bäurer 3-5 Monate. Die Implementierung erfolgt immer nach einem festgelegten Projektvorgehensmodel, durch das das Vorgehen von Bäurer für den Kunden von Anfang an transparent gestaltet werden soll.

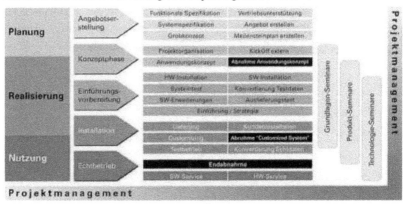

Abbildung 7: Einführungsmodel b2 (aus: b2 Produktbroschüre)

4.5 ASP, Workflow und neuere Entwicklungen

In diesem Abschnitt dargestellt werden in welchem Rahmen die betrachteten Systeme über ASP genutzt werden können, in wie weit sie den Workflow im Unternehmen

---

[43] Vgl. Sage/ 2002/ Preisliste zu diesem Abschnitt.
[44] Vgl. Sage/ 2002/ CeBit Gespräch.

unterstützen und welche neuen Entwicklungen durch das jeweilige System unterstüt

bzw. genutzt werden.

ASP ist eine Form des Outsourcings, bei der die Software auf dem Server des AS

Anbieters läuft und vom Kunden in der Regel über das Internet genutzt wird. Dies

Konzept bietet sich gerade für mittelständische Unternehmen an, da es zu ein

schnellen Implementierung des Systems und Streckung der Investitionskosten füh

ASP kann sowohl vom Softwarehersteller angeboten werden als auch von speziell

ASP Anbietern, die die Software fremder Hersteller anbieten[45].

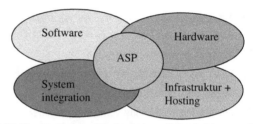

Abbildung 8: ASP -Kombination von 4 Technologien und Serviceleistungen (aus: Computerwoch

Workflow unterstützend ist ein System, wenn es den Arbeitsablauf zwischen de

Bearbeitern eines Vorgangs steuern kann[46]. Eine derartige Funktion bietet sich b

einem ERP-System geradezu an, da alle Arbeitschritte mit dem selben Syste

durchgeführt werden und die benötigten Daten in der Regel auch in diesem System a

finden sind.

Neue Entwicklungen können sowohl technische Neuerungen sein, die in das Syste

integriert bzw. durch das System genutzt werden, als auch neue Strategien.

4.5.1 Auf der Suche nach neuen Möglichkeiten - Navision

Attain kann über ASP genutzt werden. Dieser Service wird jedoch – wie auch d

normale Vertrieb - nicht von Navision direkt angeboten sondern von entsprechende

ASP-Partnern[47].

Die Vorgangsbearbeitung kann durch die Definition von Standardabläufen unterstüt

werden. Dabei können sowohl Warnungen und Erinnerungen erzeugt werden als auc

eine automatische Behandlung von Ereignissen definiert werden[48].

---

[45] Vgl. Ehrenwirth/ 2001/ ASP/ S. 68. Mehr zu ASP bei Hansen, Neumann/ 2001/ Wirtschaftsinformati
S. 553.
[46] Vgl. Stahlknecht, Hasenkamp/ 2002/ Wirtschaftsinformatik/ S. 425 ff..
[47] Siehe Navision/ 2002/ CeBit Gespräch.
[48] Vgl. Navision/ 2002/ Fact Sheet Attain/ S. 8.

Derzeit plant Navision die Einbindung von PDA's und anderen Kleingeräten in Attain. Dabei soll .NET, eine Technik von Microsoft zum Erstellen von XML basierten Web Services, eingesetzt werden[49]. Weiter plant Navision im Rahmen einer Kooperation mit IBM „Attain für den Einsatz auf IBM eServern iSeries (vormals AS/400) an[zu]passen und [zu] optimieren. Die hochsicheren, integrierten IBM eServer iSeries sind weltweit bei zahlreichen mittelständischen Unternehmen in unterschiedlichsten Branchen im Einsatz[50]." Außerdem sucht Navision weiter Lösungspartenr, um sein Branchenprogramm auszubauen[51].

4.5.2 Schwerpunkt Funktionsausweitung - Sage

Auch die Office Line kann über ASP genutzt werden. Wie bei Navison wird dieser Service jedoch nicht vom Hersteller, sondern nur von speziellen ASP Providern angeboten[52].

Der Workflow wird bei der Office Line nur begrenzt unterstützt. Zwar kann das System an die Geschäftsprozesse angepasst werden, die Möglichkeiten zur Automatisierung ist jedoch gering.

Implementierungen mit .NET oder anderen Technologien wie bei Navision sind derzeit nicht geplant. Das Augenmerk von Sage liegt derzeit auf dem Ausbau der vorhandenen Module[53].

4.5.3 ASP aus eigenem Hause und Erweiterung der Funktionen - Bäurer

„Für Unternehmen, die sich nicht selbst mit der Instandhaltung von eigener Soft- und Hardware belasten wollen oder können, bietet der Hersteller [Bäurer] seine Lösung auch als ASP-Modell (Application-Service-Providing) an[54]."

Ähnlich wie Attain verfügt B2 über eine Ereignissteuerung, mit der Ereignisse und ihre Folgeoperationen definiert werden können. Folgeoperationen können sowohl automatisch geöffnete Folgeprogramme als auch automatisch generierte und versandte E-Mails sein.

Auch bei Bäurer liegt das Augenmerk in Zukunft auf dem Ausbau des Zusatzmodulangebots. Außerdem wird neuerdings eine kompaktere Version von b2

---

[49] Vgl. o.V./ 2002/ ERP-Hersteller und .NET/ S. 21. Mehr zu .NET bei Hansen, Neumann/ 2001/ Wirtschaftsinformatik/ S. 967 ff.
[50] Siehe Navision/ 2002/ Homepage.
[51] Vgl. Navision/ 2002/ Homepage.
[52] Vgl. Sage/ 2002/ CeBit Gespräch.
[53] Vgl Sage/ 2002/ CeBit Gespräch.
[54] Siehe Bäurer/ 2002/ Homepage.

angeboted, die speziell auf die Bedürfnisse von kleineren Mittelständisch
Unternehmen ausgelegt ist[55].

5 Mögliche Einsatzgebiete der Systeme

Eine Entscheidung welches System das beste ist lässt sich an dieser Stelle nicht treffe
da diese immer vor dem Hintergrund einer konkreten Entscheidungssituation getroff
werden muss. Was im folgenden geschehen soll, ist vielmehr eine Darstellung ir
welche Einsatzzwecke die verglichenen Systeme aufgrund der oben untersucht
Kriterien besonders geeignet erscheinen.

Navision hat mit Attain das Produkt, das am den Anforderungen von ERP-II a
nächsten kommt. Es bietet die größte Offenheit zu seiner Umgebung und sche
besonders für Unternehmen geeignet, die über eine große Zahl von eBusiness willig
Geschäftspartnern mit integrierten Softwarelösungen verfügen. Durch das bre
Angebot von Branchenlösungen ist Attain grundsätzlich für jede Branche geeignet oh
jedoch in einem Bereich eine besondere Kompetenz zu entwickeln. Die Möglichkeit
der Skalierbarkeit rüsten Attain sowohl zum Einsatz in größeren Mittelständisch
Unternehmen als auch zum Betreib in kleineren schnell wachsenden Unternehmen.

Sage scheint mit der Office-Line derzeit relativ weit entfernt vom ERP-II Gedanke
Zwar verfügt die Office-Line über ein integriertes Portal und einen Web-Shop, c
Schnittstellen zu anderen Systemen sind jedoch sehr spärlich bemessen. Die Stärke c
Office Line liegt eher in den günstigen und transparenten Preisen für ein solides u
vollständiges ERP-System. Dies qualifiziert die Office Line als ideales System ir
kleine Mittelständer, die eine integrierte Unternehmenssoftware suchen und nicht a
umfangreiche eBusiness Funktionalitäten angewiesen sind.

Auch b2 ist vom Funktionsumfang für die meisten Branchen geeignet. Aufgrund c
Abgedeckten Funktionen ergibt sich hier jedoch ein deutlicher Schwerpunkt bzw. ei
besondere Kompetenz im Bereich der Fertigung. Schwächen von b2 sind der rela
große monolithische Block mit Standardfunktionen und eine geringe Zahl v
Schnittstellen zu fremden Systemen. Stärken hat b2 durch seine Systemneutralität u
seine gute Skalierbarkeit. Insgesamt scheint b2 besonders für alle mittelständisch
Unternehmen der Fertigungsindustrie geeignet.

---

[55] Vgl. Bäurer/ 2002/ CeBit Gespräch u. Bäurer/ 2002/ Homepage zu diesem Abschnitt.

Anhang

Tabelle 1: Systemanforderungen

	Navision	Sage	Bäurer
Client-Betriebssystem	Windows 98 SE Windows NT 4.0 SP6a Windows 2000 Windows XP	Windows 95 Windows 98 Windows NT 4.0 Windows 2000	Windows 95 Windows 98 Windows NT
Server-Betriebssystem	Windows NT 4.0 Windows 2000 IBM-AIX Version 4.3.3	Windows NT 4.0 Windows 2000	Windows NT HP-UX Tru64 AIX Sinix SCO
Netzwerkprotokoll	TCP/IP, NetBios		
Datenbanken	Navision Server Microsoft SQL	Microsoft SQL Server	Oracle Informix andere ODBC Datenbank

Tabelle 2: Office-Line Speciallösungen - Branchenspezifisch (aus: Sage Homepage)

Computer Telephone Integrations-Software (CTI):	• cs brainware GmbH
Öffentliche Hand Institute & Wissenschaft:	• Bauknecht Softfolio - Budgetverwaltung • Advantage Software Consulting GmbH
Produktionsplanung und Produktionssteuerung:	• Bauknecht Softfolio - PPS • Bauknecht Softfolio - PPS-Variantengenerator • Bauknecht Softfolio - BDE • PPS Line 2000 - Ihr Partner Software und Consulting AG • PPS Line Leitstand - Ihr Partner Software und Consulting AG • SL-Automatisierungstechnik GmbH • ATOSS CSD Software GmbH
Projektcontrolling:	• Bauknecht Softfolio - Abschlagszahlung • MARINGO Computers GmbH • ATOSS CSD Software GmbH • Advantage Software Consulting GmbH
Personalzeiterfassung / Zutrittskontrolle	• ATOSS CSD Software GmbH
Verkehrsunternehmen und -verbünde:	• Advantage Software Consulting GmbH
Schiffahrt:	• Schiffahrt - INOSYS GmbH

Tabelle 3: Office Line Speziallösungen - Branchenunabhängig (aus: Sage Hompage)

Auftragsabwicklung:	• abacus edv-lösungen GmbH - Artikeletiketten • Active Business Computer GmbH - ABC Barcodemodul (OL) • Bauknecht Softfolio - Etikettierung
Barverkauf / Kasse:	• abacus edv-lösungen GmbH - Kasse / Barverkauf • Spin GmbH
Betriebs- und Maschinendatenerfassung:	• Active Business Computer GmbH
CRM-Software:	• Bauknecht Softfolio CRM • cs brainware GmbH • SYSTEM AG für IT-Lösungen • POLLAK SOFTWARE GmbH
Dokumenten-Management:	• Bauknecht Softfolio Artikel-Bilder • brainiac GmbH • Henrichsen AG
eCommerce - Shoplösung:	• f & s Computer und Software Vertriebs GmbH
Elektronischer Datenaustausch:	• abacus edv-lösungen GmbH
Internationale Rechnungslegung nach IAS / US GAAP:	• GfkS - Gesellschaft für kaufmännische Software
Lagerplatz- und Lagermittelverwaltung:	• Ihr Partner Software und Consulting AG
Servicemangagement:	• PEAK-Service GmbH • ECS SMS Line
Personalzeiterfassung / Zutrittskontolle	• IGIS GmbH • ATOSS CSD Software GmbH
Personaleinsatzplanung / Projektcontrolling	• ATOSS CSD Software GmbH
Vertragsverwaltung/ Vermietung/Wartung:	• ECS Fakt Line
Vertriebssteuerung:	• Ihr Partner Software und Consulting AG • SYSTEM AG für IT-Lösungen

Lösungen im sozialen Bereich:	• PCT-Halle Systemhaus GmbH • Advantage Software Consulting GmbH
Wirtschaftsinformationen (Bürgel):	• dp software handels- und entwicklungs GmbH & Co. KG

Literaturverzeichnis

Bäurer/ 2002/ CeBit-Gespräch

    Schmitter, M.

    Informationsgespräch über b2

    Ort: CeBit, Hannover 2002-03-18

Bäurer/ 2002/ Produktbroschüre b2

    Bäurer AG

    Bäurer AG, Hüfingen / Behla 2002

Bäurer(www)/2002/ Homepage

    Bäurer Homepage

    http://www.baeurer.de

    Abruf: 2002-03-21

Born/ 2001/ERP-Imperium

    Achim Born

    Das ERP-Imperium schlägt zurück

    In: Computerwoche Nr.13, 2001-03-30, S.60-61

Comdirect (WWW)/ 2002/ Unternehmensprofil Bäurer

    Comdirect Informer

    http://informer2.comdirect.de/de/detail/_pages/datasheets/companies/main.html?

    company_id=1469&sid=

    Abruf: 2002-03-11

Engelhardt/1999 / Branchensoftware

    Engelhardt , Andrea

    Branchensoftware für kleine Unternehmen –ein Beitrag zur

    standardisierten Integration betriebswirtschaftlicher Komponenten

    Diss. Nürnberg 1999

Ehrenwirth/ 2001/ ASP

    Ehrenwirth, Marcus

    ASP : Die Karten werden noch gemischt

    In: Computerwoche Nr. 13, 2001-03-30, S. 68-69

Gumm, Sommer/ 1994/ Einführung Informatik

    Gumm, Heinz Peter; Sommer, Manfred

    Einführung in die Informatik

    1. Aufl., Addisson Wesley, Bonn, Paris, u.a. 1994

Hansen, Neumann/ 2001/ Wirtschaftsinformatik

    Hansen, H.R.; Neumann G.

    Wirtschaftsinformatik I

    8. Aufl., Lucius + Lucius Verlagsgesellschaft mbH, Stuttgart 2001

Hantusch/ 2001/ ERP-Vernetzung

    Thomas Hantusch

    Web-Standards erleichtern ERP-Vernetzung

    In: Computerwoche Nr.13, 2001-03-30, S.76-77

Hufgard/ 1994/ Softwarebibliotheken

    Hufgard, Andreas

    Betriebswirtschaftliche Softwarebibliotheken und Adaptionen

    x. Aufl., xxx, München 1994

Kröger, Stotz/ 2000/ERP-Studie Teil 1

    Kröger, Bernd; Stotz, Hajo

    ERP-Studie Teil1: Ranking Module und Benutzerfreundlichkeit

    In: Computer @ Produktion Nr.2, 2000, S. 46 f.

Kröger, Stotz/ 2000/ERP-Studie Teil 3

    Kröger, Bernd; Stotz, Hajo

    ERP-Studie Teil3: Marktanteile nach Unternehmensgrößen

In: Computer @ Produktion Nr.5, 2000, S. 22 f.

Mertens/ 1997/ Integrierte IV
Mertens, Peter
Integrierte Informationsverarbeitung 1
11. Aufl., Gabler Verlag, Wiesbaden 1997

Navision(E-MAIL)/ 2002/Antworten
Martina Plathe, Navision
Antwort auf diverse Fragen bezüglich Navision-Produkten
E-Mail, 2002-03-04

Navision/ 2002/ CeBit-Gespräch
Dietrich, G.
Informtionsgespräch über Attain
Ort: CeBit, Hannover 2002-03-18

Navision/ 2001/ Fact Sheet Attain
Navision a/s
Navision Attain – Die Business-Software ohne Grenzen
Navision PC&C Vertriebs GmbH, Hamburg 2002-03

Navision/ 2002/ Fact Sheet E-Business
Navision a/s
E-Business mit Navision Attain – Die Zukunft des Mittelstandes
Navision PC&C Vertriebs GmbH, Hamburg 2002-03

Navision(WWW)/ 2002/ Homepage
Navision Homepage
www.navision.com/de/
Abruf: 2002-03-07

o.V./ 2002/ ERP-Hersteller und .NET
o.V.

ERP-Hersteller warten bei .NET noch ab
In: Computerwoche Nr. 13, 2002-02-01, S. 21

o.V./ 2001/ ERP-Zugang
o.V.
ERP Zugang - Navision bringt Portal-Frontend
In: Computerwoche Nr. 16, 2001-04-20, S.22

o.V./ 2001/ XAL-Ausstieg
o.V.
Navision bereitet XAL-Austieg vor
In: Computerwoche Nr. 30, 2001-07-27, S.19

Sage/ 2002/ CeBIT Gespräch Office Line
Fritz, R.
Informationsgespräch über die Office Line
Ort: CeBIT, Hannover 2002-03-18

Sage/ 2001/ Fact Sheet Office Line 200
SAGE KHK
Office Line 200 –
Sage KHK Software GmbH & Co. KG

Sage(WWW)/ 2002/ Homepage
SAGE KHK Homepage
www.sagekhk.de
Abruf: 2002-03-07

Sage(www)/ 2002/ Preisliste
Sage
Preisliste Office Line
http://www.sagekhk.de/neue_kunden/download/Office%20LIne%20180302%20
f.%20Kopie.pdf

Stahlknecht, Hasenkamp/ 2002/ Einführung Wirtschaftsinformatik

    Stahlknecht, Peter; Hasenkamp, Ulrich

    Einführung in die Wirtschaftsinformatik

    10. Aufl., Springer-Verlag, Berlin Heidelberg, u.a. 2002.

Wesseler/ 2001/ Mittelstand

    Berthold Wesseler

    Mittelstand wird stark umworben

    In: Computerwoche Nr. 13, 2001-03-30, S.72-74

www.ingramcontent.com/pod-product-compliance
Lightning Source LLC
La Vergne TN
LVHW042309060326
832902LV00009B/1368